BEI GRIN MACHT SICH IHR
WISSEN BEZAHLT

Rehabilitationspsychologie. Leistungsarten und Gesundheits- und Krankheitskonzepte

Bibliografische Information der Deutschen Nationalbibliothek:

Die Deutsche Nationalbibliothek verzeichnet diese Publikation in der Deutschen Nationalbibliografie; detaillierte bibliografische Daten sind im Internet über http://dnb.d-nb.de abrufbar.

ISBN: 9783346721259
Dieses Buch ist auch als E-Book erhältlich.

Einsendeaufgabe

Einführung in die Rehabilitationspsychologie

Alternative C

Abgegeben am: 24.08.2020 im E-Campus

SRH Fernhochschule

Modul: Einführung in die Rehabilitationspsychologie

Studiengang: Psychologie (B.Sc.)

Inhaltsverzeichnis

Abkürzungsverzeichnis

DRV   Deutsche Rentenversicherung Bund

SWE   Selbstwirksamkeitserwartung

Reha   Rehabilitation

EKG   Elektrokardiogramm

Abbildungsverzeichnis

Tabellenverzeichnis

4

1 Textteil zu Aufgabe C1

1.1 Medizinische Leistungen zur Rehabilitation

Gegenstand der medizinischen Rehabilitation ist es, die Bewältigung chronischer Krankheiten zu verbessern (Renneberg & Hammelstein, 2006, S. 267). Das bedeutet, diese Zielgruppe beinhaltet neben den chronisch körperlichen Erkrankungen, Körper- und Sinnesbehinderungen, psychische Erkrankungen, geistige Behinderungen und Drogen- und Alkoholabhängigkeit (DRV, 2013c, zitiert nach Wolf-Kühn & Morfeld, 2016, S. 89). Die medizinische Rehabilitation beinhaltet sämtliche ärztliche und zahnärztliche Leistungen, Arzneien, orthopädische und weitere Hilfsmittel, Ergo- und Physiotherapie sowie psychologische und pädagogische Hilfen. Diese Leistungen sollen dazu beitragen eine Chronifizierung der Erkrankung zu verhindern und/ oder eine sich daraus ergebende Behinderungen abzuwenden, zu mindern oder auszugleichen. Zudem soll alles darangesetzt werden, eine Einschränkung der Erwerbsfähigkeit zu verhindern und eine Pflegebedürftigkeit zu vermeiden bzw. zu überwinden. Diese Maßnahmen können im stationären, teilstationären und ambulanten Kontext erbracht werden (Renneberg & Hammelstein, 2006, S. 267). Um das Individuum zu fördern, werden psychologische Beratung und psychotherapeutische Ansätze angeboten, um vor allem Partnerschaft, Familie und soziales Umfeld miteinzubeziehen und im Falle einer Krise während der Rehabilitation Unterstützung bieten zu können. Zudem werden Patientenschulungen, Psychoedukation, Trainingsstrategien und Therapieverfahren eingesetzt, um eine aktive Veränderung des Gesundheits- und Bewältigungsverhaltens zu fördern. Dabei soll die Psychoedukation Klarheit mit der Erkrankung schaffen und über Folgen und medizinische Maßnahmen aufklären. Die Trainings- und Übungsprogramme werden primär für die Kompensation von Funktionseinschränkungen eingesetzt. Zielführend sind diese Maßnahmen jedoch nur, wenn eine Verhaltensänderung auch nach der Rehabilitation angestrebt wird, indem der Transfer der Programminhalte in Bezug auf den Alltag stattfindet (Renneberg & Hammelstein, 2006, S. 268).

Beispiel

Herr M. ist als Hausmeister in einem Krankenhaus beschäftigt. Auf dem Arbeitsweg mit seinem Fahrrad wird er von einem abbiegenden Auto übersehen und angefahren. Herr M. verliert bei diesem Unfall ein Bein und liegt einige Zeit im Krankenhaus. Herr M. ist auf die Hilfe von Ergo- und Physiotherapeuten angewiesen. Er bekommt eine Gehhilfe, um bis zu seiner Beinprothese so wenig Einschränkungen wie möglich überwinden zu müssen. Zudem bekommt er Gehtraining und Übungen, um das Gehen mit Beinprothese zu Erlernen. Durch seinen Aufenthalt an seinem früheren Arbeitsplatz ist Herr M. zunehmend depressiv verstimmt, was eine Verlegung und psychologische Betreuung zur Folge hat.

Da es sich hier um einen Wegeunfall handelt und er sich auf direktem Weg zur Arbeitsstelle befunden hat, greift hier die gesetzliche Unfallversicherung als Kostenträger und übernimmt die Kosten der medizinischen Rehabilitation (Wolf-Kühn & Morfeld, 2016, S. 185).

1.2 Leistungen zur Teilhabe am Arbeitsleben

Die berufliche Rehabilitation befasst sich mit der Integration und Förderung Kranker und Behinderter im Kontext Beruf, Ausbildung oder Beschäftigung. Hierbei wendet sich das Angebot besonders an Menschen mit Behinderung oder solchen, die von Behinderung bedroht sind und sich im erwerbsfähigen Alter befinden, wobei sich diese Maßnahmen in der Praxis eher bei Personen mit langfristig fortbestehenden Beeinträchtigungen oder rezidivierenden Krankheiten finden. Um das Ziel, die Erwerbsfähigkeit entsprechend der Leistungsfähigkeit zu erhalten, zu verbessern, herzustellen oder wiederherzustellen zu erreichen, müssen entsprechende Hilfen frühestmöglich bezogen werden und die Teilhabe am Arbeitsleben Sichern. Die Auswahl der Leistungen liegt hier bei den Rehabilitationsträgern und werden durch Eignung, Neigung und bisherige Tätigkeit der Zielgruppe bestimmt. Zudem werden die Leistungen entsprechend der Lage und Entwicklung auf dem Arbeitsmarkt angepasst. Der Reintegration in das Arbeitsleben wird eine besondere Bedeutung zugesprochen, da davon ausgegangen wird, dass Arbeit den Betroffenen die Möglichkeit verschafft, persönliche Erfolge und Sicherheit zu erlangen, indem sie äußere Anforderungen bewältigen können. Zudem besteht in der Arbeit die Möglichkeit, normale soziale Rollen wahrzunehmen und der chronischen Krankheitsrolle entgegenzuwirken. Des Weiteren wird Arbeit als Mittel angesehen um, die Genesung, die Tagesstrukturierung und Förderung der sozialen Kontakte zu unterstützen. Betroffenen Personen steht eine Reihe von spezifisch auf behinderte Menschen ausgerichtet Hilfsangebote zur Verfügung sowie spezifische Formen rehabilitativer Angebote. Bildungswerke, Berufsförderungswerke und weitere Werkstätten für Behinderte ermöglichen den Einstieg ins Arbeitsleben. In jüngster Zeit wird jedoch auch das biosoziale Krankheitsmodell aufgegriffen und die Zielsetzung verstärkt in Reduktion der Krankheitssymptomatik, Stabilisierung des Gesundheitszustandes und psychoedukativen Kenntnissen und sozialer Kompetenz gesehen (Renneberg & Hammelstein, 2006, S. 269–271).

Beispiel

Herr B. ist ein 40-jähriger erfolgreicher Architekt. Aufgrund einer Erkrankung verlor er sein Augenlicht. Diese Schädigung der Sinnesorgane behindert ihn in seiner Tätigkeit als Architekt. Nach einer medizinischen Rehabilitation soll eine Umschulung stattfinden, bei der er trotz seiner Behinderung einer sinnvollen Tätigkeit nachgehen und so seinen Alltag selbstständig bestreiten kann. Hierfür erhält Herr B. eine Umschulung in einem Berufsförderungswerk.

Um weiterhin am Arbeitsleben teilhaben zu können und der Beruf als Architekt für Herr B. nicht mehr Infrage kommt, benötigt er unmittelbar nach der medizinischen Rehabilitation eine berufliche Rehabilitation, weiterhin am Arbeitsleben teilhaben zu können. In diesem Fall übernimmt die Rentenversicherung die Kosten für die Teilhabe am Arbeitsleben (Wolf-Kühn & Morfeld, 2016, S. 187).

1.3 Ergänzende Leistungen zur Rehabilitation

Ergänzende Rehabilitationsleistungen werden dann erbracht, wenn diese zur Sicherung oder Erlangung des Ziels einer Reha-Maßnahme angebracht sind. Dabei stehen Leistungen wie Reise- und Fahrtkostenübernahme, Reha-Sport und Funktionstraining, Haushaltshilfe, Kinderbetreuungskostenübernahme, Übergangsgeld, Krankengeld, sozialmedizinische Nachsorge für Kinder unter 14 Jahren, Patientenumschulungsmaßnahmen bei chorischen Erkrankungen, Angehörigenschulung, Kurse für Mütter, uvm. zur Verfügung (beta Institut gemeinnützige GmbH, 2003-2020b).

Beispiel

Frau K. ist eine 42jährige Mutter von 2 Kindern im Alter von 8 und 10 Jahren. Aufgrund eines Schlaganfalls musste sie einen längeren Aufenthalt im

Krankenhaus wahrnehmen. Da ihr Mann Berufstätig ist, wurde ihr zur Gewährleistung der Rehabilitationsmaßnahmen im medizinischen Rahmen eine Kinderbetreuungskostenübernahme für den Zeitraum des Krankenhausaufenthaltes genehmigt. Zudem wurde ihre eine Haushaltshilfe zur Verfügung gestellt, die sie die erste Zeit Zuhause unterstützen soll.

Da diese Maßnahmen dazu dienen das Reha-Ziel zu sichern, kommt für diese Kosten die Rentenversicherung von Frau K. als Kostenträger für die ergänzenden Maßnahmen zur medizinischen Rehabilitation auf (beta Institut gemeinnützige GmbH, 2003-2020b).

1.4 Leistungen zur Teilhabe an Bildung

Leistungen zur Teilhabe an Bildung soll Menschen mit Behinderungen eine Schulbildung in Form einer schulischen oder hochschulischen Ausbildung sowie zu Weiterbildungen ermöglichen. Damit soll gewährleistet werden, dass behinderte Menschen gleichberechtigte Bildungsangebote wahrnehmen können. Das Angebot für Schüler kann bis zu Erlangung der Hochschulreife gehen, je nach Eignung und Wirtschaftlichkeit der Teilhabe. Zu vorbereitenden Einschulhilfen werden auch umfassende schulische Ganztagsangebote gezählt. Dabei werden die Hilfen so gestaltet, um den Schulbesuch zu ermöglichen oder zu erleichtern. Zudem kann je nach Eignung im Anschluss an hochschulischen Ausbildungen Weiterbildungen wie Masterstudiengänge, Meisterkurse und sogar Promotionsstudiengänge gefördert werden (beta Institut gemeinnützige GmbH, 2003-2020c).

Beispiel

Die 7-jährige wohnt seit ihrem 5. Lebensjahr in einer Einrichtung für behinderte Kinder und Jugendliche. Sie ist als Kriegsflüchtling nach Deutschland entkommen. Sie entwickelte sich gut und möchte nun eine schulische Einrichtung besuchen. Aufgrund der schlimmen Ereignisse, die sie sehen musste und die ihr angetan wurden und der Sprachbarriere ist eine frühere Einschulung nicht tragbar gewesen. Stattdessen soll sie nun eine Einschulungshilfe bekommen, bei der sie und ihre Schwächen gefördert werden, um einen gerechten Einstieg in die erste Klasse zu gewährleisten.

Da in diesem Fall die Ursache der Behinderung durch die Folgen eines Krieges entstanden, kommt hierfür die Kriegsopferfürsorge/ Kriegsversorgung als

Leistungsträger für die Kosten auf, um ihr eine geeignete Bildungsmöglichkeit bieten zu können (Wolf-Kühn & Morfeld, 2016, S. 188).

1.5 Leistungen zur sozialen Teilhabe

Die soziale Rehabilitation hat das primäre Ziel für behinderte Personen einen angemessenen Platz in der Gesellschaft zu gewährleisten. Dabei wird der Fokus daraufgelegt, dass Betroffene alltägliche Aufgaben bewältigen und so das gesellschaftliche Leben wahrnehmen können, um weitestgehend unabhängig von Pflege zu sein. Hierbei kommen Leistungen wie sozialpädagogische und psychosoziale Betreuung, Rehabilitationssport, Mobilitätshilfen, heilpädagogische Maßnahmen für Kinder im Vorschulalter, Maßnahmen zur Förderung der Verständigung mit der Umwelt, Wohnungs- und Haushaltshilfen sowie Unterstützung bei der Teilhabe am gemeinschaftlichen und kulturellen Leben zum Einsatz (Renneberg & Hammelstein, 2006, S. 271).

Beispiel

Die Kindergärtnerinnen der 5-jährigen A. verständigten das Jugendamt, nachdem ihnen gravierende Verhaltensweisen des Mädchens auffielen. Nach einigen Monaten im Kindergarten wurde ersichtlich, dass sich hinter der angenommenen Schüchternheit mehr verbirgt. Sie versteckt sich häufig, möchte nicht am Kindergartenalltag teilnehmen und äußert sich aggressiv gegenüber ihren Mitmenschen. Nach einem Wutausbruch folgt eine depressive Phase, in der sie kaum ansprechbar ist und weder die Nahrungsaufnahme zulässt noch die Toilette aufsucht. Nach mehreren erfolglosen Gesprächsversuchen mit den Eltern, bei denen ein vorheriger Aufenthalt in einer Kinder- und Jugendpsychiatrie aufgedeckt wurde, verständigte die Kindergartenleitung das Jugendamt, wodurch das Mädchen nun in einer geeigneten Einrichtung betreut wird.

Aufgrund der andauernden psychischen Beeinträchtigungen, die es dem Kind nicht ermöglichen am gesellschaftlichen Leben teilzunehmen, wird von einer seelischen Behinderung ausgegangen (beta Institut gemeinnützige GmbH, 2003-2020a). Hierbei übernimmt die Jugendhilfe als Leistungsträger die Kosten der Rehabilitation der sozialen Teilhabe (Wolf-Kühn & Morfeld, 2016, S. 187).

2 Textteil zu Aufgabe C2

2.1 Subjektive Theorien von Gesundheit

Unter subjektiven Theorien werden Alltagstheorien oder auch Laientheorien verstanden. Dies sind Theorien, die sich Menschen im Laufe ihres Lebens über die Welt bilden. Solche Theorien entstehen, indem Personen über sich selbst und deren Umwelt reflektieren und so Annahmen und Argumentationsstrukturen über verschiedene Vorgänge, Zusammenhänge sowie eigenes und fremdes Handeln und Erleben bilden (Franke, 2012, S. 243). Aufgrund der Erkenntnisse der Arbeitsgruppe Faltermaier (2005b) wurden vielfältige soziale Repräsentationen von „Gesundheit" erworben. Diese sozialen Konzepte zeichnen sich dadurch aus, dass Gesundheit begrifflich positiv und/ oder negativ verwendet und zudem auf körperliche, psychische oder soziale Dimensionen angewendet wird. Mit positiven Bestimmungen werden insbesondere das eigene (Wohl-) Befinden, die innere Ausgeglichenheit, Zufriedenheit, Lebensfreude, körperliches Wohlbefinden (Kraft und Stärke) und Harmonie ausgedrückt. Zudem kann es jedoch auch als Reservoir an Energie beschrieben werden und mit Handlungsfähigkeit oder Leistungsfähigkeit versehen werden (Faltermaier, 2005b, zitiert nach Richter & Hurrelmann, 2016, S. 231). Als negative Beschreibung von Gesundheit wird die Abwesenheit von Krankheit oder geringe Beschwerden und Schmerzen beschrieben (Richter & Hurrelmann, 2016, S. 231). In mehreren Studien wurde jedoch festgestellt, dass die Mehrheit der „Laien" positive Gesundheitsdefinitionen hervorbrachte. Somit wird „Gesundheit" nicht pauschal als Abwesenheit von Krankheit gesehen, sondern mit positiven Inhalten und Vorstellungen verbunden. Die am häufigsten benannten Kategorien im Zusammenhang mit dem Gesundheitsbegriff sind (psychisches) Wohlbefinden, Leistungsfähigkeit und körperliche Fitness. Dabei unterscheidet sich die Gewichtung je nach Geschlecht, sozialer Schicht, Berufszugehörigkeit und Alter (Franke, 2012, S. 245). Zudem wird durch qualitativ-biografische Studien belegt, dass Laien die Gesundheit als einen dynamischen Prozess über den Lebenslauf sehen, wobei sie Gesundheit als einen fortlaufenden Abbauprozess oder als regenerative Abfolge ständiger Reduktion und Regeneration ansehen (Faltermaier & Kühnlein, 2000, zitiert nach Richter & Hurrelmann, 2016, S. 231–232). Aufgrund der großen Unterschiede liegt ein Schwerpunkt bei solchen Untersuchungen darauf, mögliche Gruppen mit gemeinsamen Merkmalen herauszufinden, was meist durch Interviews realisiert wird. In Tabelle 1 wird eine Auswahl von häufig wiederkehrenden subjektiven Gesundheitskonzepten dargestellt (Franke, 2012, S. 244).

Gesundheit als…	Aussagen:
…Abwesenheit von Krankheit	„Wenn mit nichts weh tut"
…funktionale Fitness	„Wenn ich Haushalt, Kinder, Freizeit und Partnerschaft unter einen Hut bekomme".
…Reservoir	„Wenn ich eine stressige Phase gut überwinde und trotzdem noch fit bleibe und Sport mache".
…Ergebnis von Disziplin und Kontrolle	„Wenn ich ausrechend schlafe, wenig Alkohol trinke und mich nur mit netten Menschen umgebe".
…Gleichgewicht	„Wenn alles harmonisch ist und sich Beziehung und alles drumherum richtig und ausgeglichen anfühlt".
…angeborene Konstante	„Liegt bei uns in der Familie – bei uns sind alle alt geworden"

Tabelle 1: Gesundheitskonzepte von Laien (eigene Darstellung in Anlehnung an Franke, 2012, S. 246).

Mit solchen Einteilungen kann beleuchtet werden, was Menschen mit dem Begriff „Gesundheit" verbinden. Somit können in Zukunft Gesundheitstheorien in Abhängigkeit von Personengruppen, Lebenssituationen und Lebensphasen gestaltet und erforscht werden (Franke, 2012, S. 247). Zu den Konzepten von Gesundheit kommen jedoch auch subjektive Theorien dazu, die von Laien gebildet werden, in denen sie verschiedene positive und negative Einflüsse auf die Gesundheit benennen und theoretisch-argumentative Zusammenhänge finden. Hierbei werden häufig Einflüsse aus der Arbeitswelt oder der Familie benannt wie Risiken, Belastungen oder Unterstützungen, Einflüsse aus der Umwelt und/ oder durch den eigenen Lebensstil, wie zum Beispiel riskante Verhaltensweisen. Zudem werden unterschiedliche Schwerpunkte gesetzt, bei denen die Theorien auf riskante Bedingungen oder Ressourcen gesetzt werden. Einige Personen formulieren auch Theorien, die den Ausgleich zwischen gesundheitlichen Risiken und Ressourcen beinhalten. Ein Teil der Befragten äußert außerdem schicksalhafte Theorien, bei denen Gesundheit von Zufall, dem Schicksal oder Alter abhängt (Faltermaier, 2005b, zitiert nach Richter & Hurrelmann, 2016, S. 232).

2.2 Subjektive Theorien von Krankheit

Bei den subjektiven Krankheitstheorien werden zwei Schwerpunkte besonders betrachtet. Zum einen wird die Erforschung der Konzepte von Menschen über Krankheit und zu anderen die Erforschung der Konzepte von Patientinnen und Patienten einer bestimmten Erkrankungsgruppe über Krankheit analysiert. Letztere Thematik wurde eingehend untersucht, wobei insbesondere Menschen mit z. B. Herz-Kreislauf-Erkrankungen und Krebserkrankungen untersucht wurden. Aufgrund der subjektiven Theorien werden hierbei folgende Aspekte untersucht, wie z. B. wie die Krankheit erkannt und wahrgenommen wird, welche Annahmen über die Ursachen bestehen, welche Erwartungen über die unmittelbaren und langfristigen Folgen bestehen und welche Annahmen über die Möglichkeiten von Krankheitsüberwindung oder Heilung bekannt sind (Franke, 2012, S. 247). Es scheint bei der Wahrnehmung von Erkrankungen Symptome zu geben, die eindeutig als Anzeichen einer Krankheit interpretiert werden, wie Fieber, starke anhaltende Schmerzen oder extreme Müdigkeit, für die es augenscheinliche keine Erklärung gibt. Bei Auftreten dieser Symptome bezeichnet sich ein Mensch selbst als krank. Doppelte Unsicherheit besteht allerdings in weniger eindeutigen Symptomen, die sich zum Beispiel in Selbstwahrnehmungszweifeln („Ist meine Vergesslichkeit normal oder ein Anzeichen für Alzheimer?") äußern können. Aufgrund dieser Unsicherheit werden meist die Personen in der näheren Umgebung nach deren Einschätzung und Wahrnehmung gefragt („Meinst Du, das könnte eine Krankheit sein?"). Erst bei weiterer Verunsicherung wird eine ärztliche („fachliche") Diagnose eingeholt. Bisherige Untersuchungen haben gezeigt, dass sich Menschen, obgleich ihre Eigendefinition vom „krank sein", weniger auf sich selbst verlassen (Franke, 2012, S. 248). Dennoch ist die bisher wichtigste Erkenntnis auf diesem Forschungsgebiet die, dass Laien den psychosozialen Bedingungen und Umweltfaktoren eine größere Bedeutung in Bezug auf das Krankheitsgeschehen beimesse, als dies in wissenschaftlichen Theorien der Fall ist (Franke 1984, 1987, zitiert nach Franke, 2012, S. 248). Zudem wurde als weiteres Forschungsergebnis angebracht, dass die subjektiven Theorien über Krankheit sehr heterogen sind und durch Alter, Geschlecht, soziale Schicht und Bildungsniveau determiniert werden. Bei der Definition von Krankheit gibt es jedoch nur wenig Erkenntnisse. Auf der körperlichen Ebene wird Krankheit mit

Störung der normalen Körperfunktionen beschrieben, was mit Schmerzen assoziiert wird. Auf der sozialen Ebene wird die Befürchtung genannt, soziale Abhängigkeit zu erfahren (überwiegend bei Frauen) oder einen sozialen Abstieg bzw. soziale Ausgrenzung zu erleiden (überwiegend bei Männern). Auf der psychischen Ebene wird als Krankheit die Wahrnehmung eigner Schwächen und Einschränkungen der Handlungsmöglichkeit angesehen. Zudem wird Krankheit auch positiv als deutliches Warnsignal aufgefasst und kann einen Hinweis oder Denkanstoß zu Veränderung veranlassen. Weitere wichtige unerforschte Aspekte stellen die religiösen, spirituellen oder transzendenten Deutungen dar. Dabei kann Krankheit je nach Deutung als Strafe für ein Vergehen, als göttliche Erziehungsmethode oder als Bewährungsprobe angesehen werden. Dadurch versuchen Menschen ihrer Krankheit einen Sinn zu geben („Warum ich?"), was durchaus als Mittel zur Krankheitsbewältigung dienen kann (Franke, 2012, S. 248–249). Anhand von krebserkrankten Patienten konnte untersucht werden, dass viele nach einer Phase der Adaptation an die neue Situation, die Erkrankung als Wendepunkt in ihrem Leben sehen und ihnen Kraft gab, sich auf die wirklich wichtigen Dinge zu konzentrieren. Somit konnte aufgezeigt werden, dass die stärkere Orientierung an persönlichen Werten zu einem besseren Wohlbefinden, mehr Lebenszufriedenheit und größerem Selbstbewusstsein führt (Chen, Kasen & Cohen, 2009, zitiert nach Franke, 2012, S. 249). Es hat sich gezeigt, dass gerade im Hinblick auf lebensbedrohliche Krankheiten wie Krebs oder AIDS die subjektiven Krankheitstheorien der Bewältigung der Krankheit und der damit verbundenen Ängste dienen. Anhand dessen wird deutlich, dass die Beschränkung auf die Kognitionen bei solchen Themen zu kurz greifen. Bei subjektiven Krankheitstheorien spielen die emotionalen Anteile solchen Wissens und die eingeflossenen Erfahrungen und Befürchtungen eine große Rolle, die angemessen berücksichtigt werden müssen (Flick, 1998, S. 14–15). Im Jahr 1984 fand Becker in einer Studie heraus, dass ein Drittel der Befragten Patienten mit einem Mammakarzinom ihre Krankheitstheorie mit Vorstellungen wie Schuld oder Strafe verbinden. Ebenso wurde „Schicksal" häufig als Ursache für die eigene Erkrankung genannt. Diese Annahmen können unter „magischen Denkens" zusammengefasst werden. Des Weiteren benennt Beck fünf Quellen, aus denen subjektive Krankheitstheorien entstehen können, wie in Abbildung 1 festgehalten wurde (zitiert nach Flick, 1998, S. 15).

13

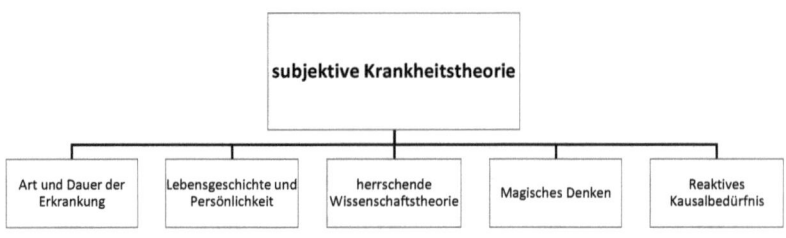

Abbildung 1: subjektive Krankheitstheorie (eigene Darstellung, in Anlehnung an Beck, 1984, S. 318, zitiert nach Flick, 1998, S. 15).

2.3 Nutzen für die Intervention in der Rehabilitation

Die Intension dahinter subjektive Theorien auch als Thema der Gesundheitswissenschaften anzusehen, war der Einblick in das Gesundheits- und Krankheitsverhalten von Menschen. Dabei wird sich erhofft, in Erfahrung zu bringen, warum sich Menschen zum Beispiel zu wenig bewegen, zu fett ernähren, rauchen. Dieses Wissen ist nutzbar für die Gesundheitsförderung, Therapie und Rehabilitation. Dadurch erlaubt es den Behandlern besser in die Vorstellung der Patienten einzufühlen und somit auch die subjektiven Konzepte bei der Maßnahmenplanung zu berücksichtigen (Franke, 2012, S. 244). Der Verdienst der Untersuchung subjektiver Konzepte kann überwiegend dazu beitragen, die Kommunikation zwischen Professionellen und Kunden, Klienten oder Patienten, die sich im System zurechtfinden müssen, zu erleichtern und zu verbessern (Faltermaier, 2011, zitiert nach Franke, 2012, S. 247).

Bei der Frage nach der Bedeutung subjektiver Krankheitstheorien wird von Beck die Atzt-Patienten-Beziehung angeführt, indem er davon ausgeht, dass die unterschiedlichen Krankheitstheorien des Arztes und des Patienten für die sog. Non-Compliance[1] verantwortlich ist. Laut Bischoff & Zenz dienen die Vorstellungen der Patienten über die Vorgänge in ihrem kranken Körper zur Bewältigung von Emotionen (zitiert nach Flick, 1998, S. 16). Für die Psychotherapie ergeben sich durch subjektive Krankheitstheorien neue Perspektiven, indem sie als Ausgangspunkt und Ergebnis in Bezug auf

---

[1] Laut Fröhlich (2014, S. 123-124) stellt Compliance eine wesentliche Voraussetzung für den Therapieerfolg dar, indem der Patient die Therapiemaßnahmen und Anweisungen befolgt. Non-Comliance ist somit die Nichtübereinstimmung mit den Ratschlägen, Empfehlungen und Handlungsanweisungen des Experten und somit das nicht befolgen dessen.

Individuum-Umwelt-Interaktionen betrachtet werden. Dies legt nahe, dass die Psychotherapie erst dann patientenzentriert ist, wenn die Kluft zwischen Therapeut und Patienten überwunden werden kann, indem ihre krankheitsspezifischen Theorien zum Gegenstand eines offen geführten Aushandlungsprozesses werden (Thommen, 1990, S. 173, zitiert nach Flick, 1998, S. 16–17).

Abschließend kann gesagt werden, dass im Mittelpunkt die Bedürfnisse und Ziele des Patienten sehen sollten, was ebenfalls das subjektive Krankheitsverständnis sowie subjektive Sicht auf weitere Komponenten beinhaltet (Wolf-Kühn & Morfeld, 2016, S. 55).

3 Textteil zu Aufgabe C3

Um den Lesefluss nicht zu beeinträchtigen, wurde im Text die männliche Form genannt, dennoch beziehen sich die Angaben auf Angehörige beider Geschlechter.

3.1 Selbstwirksamkeitserwartung nach Bandura

Mit dem Begriff Selbstwirksamkeitserwartung wird die subjektive Gewissheit definiert, neue oder schwierige Anforderungssituationen anhand eigener Kompetenzen meistern zu können. In diesem Kontext ist von Aufgaben die Rede, die nicht durch Routine lösbar sind, sondern Aufgaben, die durch ihren Schwierigkeitsgrad Handlungsprozesse der Anstrengung und Ausdauer erfordern (Schwarzer & Jerusalem, 2002, S. 35). Die Selbstwirksamkeit bzw. das Phänomen der Selbstwirksamkeitserwartung (SWE) ist im Forschungsfeld der kognitiven Psychologie angesiedelt. Die kognitive Psychologie befasst sich mit allen Prozessen, die mit dem menschlichen Denken zu tun haben (Hautzinger, 1994, S. 86, zitiert nach Egger, 2015, S. 44). Die Frage, wie es von einer Handlungsoption zu einer konkreten zielgerichteten Handlung kommt, wurde von Albert Bandura (1977) aufgegriffen. Sein Ansatz, die sozial kognitive Lerntheorie, wurde überaus erfolgreich. Er war der Erste, der die Selbstwirksamkeit als kognitive Quelle der Motivation, die zwischen Person und Handlung steht, benannt hat (Bandura, 1977, zitiert nach Egger, 2015, S. 45 44). In seinem Konzept geht er davon aus, dass kognitive, motivationale, emotionale und aktionale Prozesse anhand subjektiver Überzeugungen gesteuert werden. Zu den subjektiven Überzeugungen zählen die Handlungs-Ergebnis-Erwartung

(Konsequenzerwartung) und die Selbstwirksamkeitserwartung (Kompetenzüberzeugung); (zitiert nach Schwarzer & Jerusalem, 2002, S. 35-36).

Dabei bezieht sich die Konsequenzerwartung auf die Abschätzung der Folgen (Resultate) einer notwendigen Handlung, wohingegen sich die SWE auf die Einschätzung der persönlichen Handlungsmöglichkeiten fokussiert (Bandura, 1997, zitiert nach Urton, 2017, S. 2–3). Zum Beispiel muss sich ein Schüler, um eine Prüfung zu bestehen, viel theoretisches Wissen über das relevante Themengebiet aneignen, was in das Gebiet der Konsequenzerwartung fällt. Ob sich der Schüler jedoch in der Lage sieht, die Handlung auszuführen, ist Gegenstand der Erwartung von Selbstwirksamkeit (zitiert nach Schwarzer & Jerusalem, 2002, S. 35-36). Hieran kann bemerkt werden, dass Personen daran zweifeln können, ob sie befähigt sind, eine bestimmte Handlung auch auszuführen (Bandura, 1979, S. 85, zitiert nach Quennoz, 2009, S. 4–5). Zusammenfassend kann gesagt werden, dass die SWE für Persönlichkeitsprozesse steht, die zielgerichtetes Handeln oder Verhalten ermöglichen und erklären sollen (Bandura, 1997, zitiert nach Quennoz, 2009, S. 4). Zudem muss noch angemerkt werden, dass Badura (1997) davon ausgeht, dass die Selbstwirksamkeit in unterschiedlichen Bereichen variieren kann. Dabei werden Personen selbst wirksam und bewerten das Ergebnis ihrer Handlungen mittels externer und interner Faktoren (z. B. Selbstbeurteilung); (zitiert nach Quennoz, 2009, S. 5). Demnach wird durch die SWE vier Handlungsaspekte einer Person beeinflusst, das Denken, die Gefühle, die Motivation und die Situationsauswahl. Beim Denken wird hinterfragt, ob Lösungsmöglichkeiten oder Gedanken des Scheiterns dominieren. Zu den Gefühlen wird beobachtet, ob eher ein Angst- und Stresserleben vorliegt oder Gefühle der Zuversicht in fordernden Situationen herausstechen. Die Motivation wird beeinflusst, indem abgewogen wird, ob sich bei der Aufgabenbewältigung angestrengt wird. Zum Schluss wird die Auswahl von Situationen dahingehend beeinflusst, indem entweder Situationen gewählt werden, die bewältigbar erscheinen oder aber Situationen aufgesucht werden, bei denen es von vorneherein unwahrscheinlich ist, diese bewältigen zu können. Durch diese vier Aspekte wurde verdeutlichet, dass die SWE einer Person bei der Planung und Durchführung von Handlungen besonders wichtig ist. Aus diesen Annahmen wurden durch einige Studien die Erkenntnisse gewonnen, dass Personen mit hoher SWE schwierige Aufgaben als Herausforderung ansehen, sich herausfordernde Ziele stecken, größere Anstrengungen in Kauf nehmen und mehr Durchhaltevermögen bis zum Ziel beweisen (z. B. auch an heißen Sommertagen für die Prüfung lernen). Zudem wirkt sich die hohe SWE positiv auf die Verarbeitung von Misserfolgen und die Erholung von Niederlagen aus (Bandura, 1997, zitiert nach Urton, 2017, S. 2–3). Im Gegensatz dazu liegt laut Badura (1992, 1997, 2001) eine schwach ausgeprägte Selbstwirksamkeit dann vor, wenn die relevanten Kenntnisse zwar bewusst sind, der Schüler jedoch aufgrund mangelnder Begabung oder fehlender Konzentration nicht in der Lage ist, diese zu erlernen. Bei der Konsequenzerwartung wird sich also mit der Handlungsabhängigkeit des Ergebnisses beschäftigt, während es bei der Kompetenzerwartung um die Personenabhängigkeit der Handlung geht. Eine zentrale Komponente der Wahrnehmung der eigenen Selbstwirksamkeit stellt die persönliche Einschätzung der eigenen Handlungsmöglichkeiten dar (zitiert nach Schwarzer & Jerusalem, 2002, S. 36). Eine weitere Komponente der SWE stellt die Ansicht dar, Personen können gezielt Einfluss auf ihre Umwelt nehmen. Im Gegensatz dazu können auch äußere Umstände (z. B. Zufall und Glück) als Ursache angesehen werden (Bandura, 1977, zitiert nach Egger, 2015, S. 45).

3.2 Quellen der Selbstwirksamkeitserwartung

Bandura unterscheidet in der sozial-kognitiven Theorie vier grundlegende Quellen für die Selbstwirksamkeitserwartung (SWE). Die eigenen Erfahrungen, stellvertretende Erfahrungen, persuasive Botschaften und physiologische Reaktionen. Die eigenen Erfahrungen bringen die stärkste SWE hervor, indem die Ziele durch Ausrichtung der eigenen Handlungen durchgeführt werden (Bandura, 1997; Bandura et al., 1977, zitiert nach Kalch, 2019, S. 40). Denn die eigenen Erfahrungen ermöglichen es, diese oder ähnliche Handlungen erneut durchführen zu können (Bandura, 1977b, zitiert nach Kalch, 2019, S. 40). Bei erfolgreichem Durchführen wird angenommen, die persönliche Kompetenz zu besitzen, diese Handlungen wiederholen zu können, wobei weitere und ähnliche Erfahrungen die SWE stärken. Diese Quelle ermöglicht auch Rückschläge deutlich besser zu überwinden (Bandura, 1997, zitiert nach Kalch, 2019, S. 40). Eigene Erfahrungen bilden die authentische Form der SWE. Damit jedoch durch die eigenen Erfahrungen SWE gefördert wird, muss dieselbe oder eine ähnliche Handlung erfolgreich ausgeführt worden sein. Dabei stellt die Motivation, die dazu führt eine Handlung erstmals auszuführen das ausschlaggebende Problem in der Gesundheitsförderung dar (Chang, 2016; Schwarzer, 1992, zitiert nach Kalch, 2019, S. 40). Zudem wirken sich negative eigene Erfahrungen, die vor gesundheitsförderlichen Maßnahmen gemacht wurden, negativ auf die SWE aus. Besonders bei selbstgesteuerten Maßnahmen zur Gesundheitsvorsorge kommen negative Erfahrungen häufig vor, weshalb zur Förderung der SWE die vorhanden Barrieren immer wieder überwunden werden müssen (Bandura, 1998, zitiert nach Kalch, 2019, S. 41). Stellvertretende Erfahrungen stellen die zweitwichtigste Quelle der SWE dar. Darunter wird das Lernen durch die Beobachtung anderer Personen verstanden, was z. B. von Kleinkindern intensiv angewandt wird (Bandura, 1986, 1997, zitiert nach Kalch, 2019, S. 41). Dieses Verfahren ist dann besonders erfolgreich, wenn noch keine eigenen Erfahrungen zu diesem Thema gesammelt wurden und es sich um nicht eindeutig adäquat oder inadäquate Handlungen handelt (Bandura, 1977a, 1997, zitiert nach Kalch, 2019, S. 41). Somit stellen stellvertretende Erfahrungen eine anwendungsorientierte Wissens- und Strategiequelle für ein bestimmtes Verhalten dar, wobei zudem ein Vergleich ermöglicht wird, die eigenen Leistungen mit dem modellierten Verhalten einzuordnen und zu bewerten (Bandura, 1977a, 1997, zitiert nach Kalch, 2019, S. 42). Eine wichtige Unterscheidung besteht jedoch in der Ähnlichkeit von Beobachtern und Modellen (Bandura, 1997, zitiert nach Kalch, 2019, S. 42). Somit findet keine Orientierung am Modell statt, wenn das Verhalten an Personen, die deutliche Unterschiede zum Beobachter aufweisen, orientiert wird (Bandura, 1982, zitiert nach Kalch, 2019, S. 42). Die Beobachtungssituation wird dabei in zwei Bereiche unterschieden, den stellvertretenden Erfahrungen durch reale Verhaltensmodellierung und der symbolischen Verhaltensmodellierung. Von realen Verhaltensmodellierungen wird dann gesprochen, wenn der Beobachter das Verhalten vor Ort und zeitgleich wahrnehmen kann, was in alltäglichen Situationen z. B. im sozialen Umfeld einer Person stattfindet (Bandura, 1997a; 1997, zitiert nach Kalch, 2019, S. 43). Um Einblicke in Verhaltensweisen zu erlangen, die über das eigene soziale Umfeld hinausgehen, werden medial vermittelte symbolische Verhaltensweisen herangezogen. Insbesondere werden damit visuelle Medien bezeichnet, die einen detailgetreuen Einblick in die Ausführung physischer Bewegungen garantiert. Des Weiteren stellt die

Selbstbeobachtung eine weitere symbolische Verhaltensmodellierung dar, die die SWE steigern kann. Hierbei wird zwischen einer retrospektiven und einer kognitiv-imaginativen Form der Selbstbeobachtung unterschieden. Ersteres wird mit einer personalen Medienaufnahme in der Vergangenheit realisiert. Letzteres dagegen wird nicht selbst ausgeführt, der Handlungsprozess und dessen Folgen wird sich lediglich kognitiv vorgestellt. Bei dieser Verhaltensmodellierung ist es nicht notwendig ähnlichen Erfahrungen gemacht zu haben (Bandura, 1997, zitiert nach Kalch, 2019, S. 43–44). Bei den persuasiven Botschaften (Bandura, 1977a, 1997, zitiert nach Kalch, 2019, S. 44) handelt es sich um eine Quelle der SWE, die durch das Bestärken der eigenen Fähigkeiten eine Handlung ausführen zu können, durch eine andere Person erzielt wird. Positives Zusprechen kann dazu führen, dass Selbstzweifel reduziert werden und die SWE gefördert wird (Bandura, 1998, zitiert nach Kalch, 2019, S. 44). Dabei sind jedoch zwei wichtige Punkte zu beachten. Zum einen muss die Botschaft auf ein realistisch zu erreichendes Ziel ausgerichtet werden und zum anderen sollte die übermittelnde Person glaubwürdig sein, wobei sie über Wissen zu den geforderten Kompetenzen verfügen soll und zudem die Bedingungen kennen, unter den das Individuum eine Handlung ausführen soll. Dabei wird persönlichem Feedback die Eigenschaft zugesprochen, eine Person bei Fehlschlägen zu motivieren einen erneuten Versuch zu starten (Bandura, 1997, zitiert nach Kalch, 2019, S. 44). Um durch das Feedback eine bestmögliche Förderung der Selbstwirksamkeit zu erzielen, sollte es mit weiteren Maßnahmen, wie z. B. Unterstützung bei Handlungsplanung und -ausführung ergänzt werden. Dies ist wichtig, denn durch falsch angewandtes Feedback können Misserfolge gefördert werden und so langfristig zu Demotivation führen (Bandura, 1997, 1998, zitiert nach Kalch, 2019, S. 44–45). Die vierte und letzte Informationsquelle für die SWE werden affektive und physiologische Reaktionen genannt, die im Zusammenhang mit den negativen Wirkungen von Stress behandelt werden (Bandura, 1997, zitiert nach Kalch, 2019, S. 45). Tritt bei einer bestimmten Handlung Stress auf, kann dieser dazu führen, dass das Individuum annimmt, die Handlung nicht erfolgreich ausführen zu können und so die Verhaltensintension verringert wird. Im Umkehrschluss kann gesagt werden, dass die Reduktion von handlungsbedingtem Stress eine vierte Möglichkeit darstellen kann, die Selbstwirksamkeit zu fördern. Stress kann vor allem bei dem Versuch, gesundheitsförderliche bzw. -aufrechterhaltenden Verhaltensweisen anzunehmen, ausgelöst werden. Bei einem derart fordernden Prozess können Maßnahmen wie Anti-Stress-Training förderlich für den Handlungserfolg sein. Mit dem Erreichen des Handlungserfolgs, werden langfristige Reduktionen von Stressreaktionen angenommen, was wiederum zu einer Steigerung der Selbstwirksamkeit führt (Bandura, 1998, zitiert nach Kalch, 2019, S. 45–46). Besonders bei gesundheitsbezogenen Handlungen zeigt sich der Abbau von Stress bei der Wahrnehmung der Selbstwirksamkeit als bedeutsam. Inwieweit physiologischen Reaktionen eine Relevanz in Bezug auf die Selbstwirksamkeit haben, ist jedoch von personenbezogenen Merkmalen abhängig (Bandura, 1997, zitiert nach Kalch, 2019, S. 46). Dabei spielt die Intensität der Wahrnehmung von körperlichen Reaktionen und deren Bewertung im Zusammenhang mit Stressreaktionen eine bedeutende Rolle (Bandura, 1998, zitiert nach Kalch, 2019, S. 46). Wichtig zu erwähnen ist hier auch die Bedeutung der Glaubwürdigkeit der Intervention für die Betroffenen (siehe persuasive Botschaften); (Bandura, 1977b, zitiert nach Kalch, 2019, S. 46).

3.3 Förderung des Bewegungsverhaltens in der kardiologischen Rehabilitation

Banduras Quellen der Selbstwirksamkeit können in aktive und passive Interventionen unterteilt werden. Aktive Interventionen dienen im medizinischen Kontext als Begleitung bei präventiven oder gesundheitsförderlichen Verhaltensänderungen. Die Quelle der eigenen Erfahrungen wird so bei den aktiven Interventionsmaßnahmen eingeordnet, während persuasive Botschaften oder physiologische Reaktionen passive Interventionen darstellen, die Selbstwirksamkeit zu fördern. Bei aktiven Interventionen wird die direkte Ausführung einer bestimmten Handlung durch erforderlich, während bei der passiven Intervention mediales Informationsmaterial als Mittel der Wal verwendet wird (Lewis, LaRose, Rifon, & Wirth, 2007, zitiert nach Kalch, 2019, S. 47–48). Anhand einer typischen Langzeitstudie von F. Jones, Harris, Waller, & Coggins (2005) wurde chronisch erkrankten Patienten Bewegungstraining ärztlich empfohlen. Durch einen Fitnesstrainer und regelmäßiges Training im Fitnessstudio wurden die Teilnehmer zwölf Wochen begleitet. Anhand dieser Studie konnte gezeigt werden, dass bei Patienten die die Teilnahme abbrachen, eine Verschlechterung der Selbstwirksamkeit auftrat (zitiert nach Kalch, 2019,

S. 48–49). Damit bestätigt diese Studie Banduras (1997) Ansicht, dass eigene erfolgreiche Erfahrungen eine zentrale Quelle der Selbstwirksamkeit darstellen (zitiert nach Kalch, 2019, S. 49). Um einen Ansatz für die Förderung des Bewegungsverhaltens bei Rehabilitanden in der kardiologischen Rehabilitation zu entwickeln, sollen zunächst die Kontextfaktoren abgestimmt werden. Bei den Patienten handelt es sich um Personen im mittleren Alter, die nach einer Erkrankung des Herz-Kreislauf-Systems (akut oder chronisch), die ärztliche Therapie bereits abgeschlossen haben und nun zur Wiederherstellung der Leistungsfähigkeit in einer professionellen Reha-Einrichtung angekommen sind.

Um das Konzept nach Bandura in die Interventionsmaßnahmen mit einzubinden und wegen der unmittelbaren Nähe zum Patienten wird hier zunächst die erste Quelle der Selbstwirksamkeit herangezogen, die eignen Erfahrungen. Hierbei wird eine Mischung aus theoretischer und praktischer Begleitung gewählt (Olson & McAuley, 2015, zitiert nach Kalch, 2019, S. 49). Die theoretische Begleitung wird realisiert, indem die Patienten individuelle Aktivitätenangebote bekommen, die unter anderem aus EKG-überwachtem Ausdauertraining, Gruppengymnastik und Outdoor-Aktivitäten zusammengesetzt werden (Edel & Cibis, 2018, S. 22). Die praktische Begleitung besteht in der Umsetzung der Handlung. Dabei wird den Patienten der exakte Bewegungsablauf bei z. B. einer Gymnastiküben gezeigt und bei der Nachahmung unterstützt, um keine Fehler bei der Handlungsausführung aufkommen zu lassen (Jones, Smith & Llewellyn, 2014, zitiert nach Kalch, 2019, S. 49). Dabei ist jedoch zu beachten, dass der Gewinn für die Selbstwirksamkeit der eigenen Erfahrungen mit dem Erfolg der Handlung steht und fällt. Deshalb muss darauf geachtet werden, dass die Intensität und die Schwierigkeitsstufe mit einem niedrigen Niveau gestartet werden. Der Patient soll sich in der Lage sehen, nach erfolgreichem Abschließen einer Handlung diese oder ähnliche Handlungen wiederholen zu können. Zum Beispiel wird bei einem EKG-überwachtem Ausdauertraining mit einer geringen Zeitdauer angefangen, sodass der Patient diese Einheit mit Erfolg abschließen kann. Zusammenfassend ist also zu betonen, dass bei diesem ersten Heranführen mit dem Thema Bewegung im Kontext einer kardiologischen Rehabilitation keine negativen Erfahrungen gemacht werden dürfen. Dies hätte, wie oben schon beschrieben, fatale Auswirkungen auf die Selbstwirksamkeitserwartung und die Motivation. Nach dieser ersten Erfahrung können die Patienten an schwierigere Aufgaben herangeführt werden, wobei jedoch die Intensität und Dauer an die individuellen Fähigkeiten und Niveaus angepasst werden müssen. Somit müsste der Grundstein für eine Bewegungsförderung gelegt worden sein.

Literaturverzeichnis

Beta Institut gemeinnützige GmbH. (2003-2020a). *Eingliederungshilfe für seelisch behinderte Kinder und Jugendliche,* beta Institut gemeinnützige GmbH. Zugriff am 24.08.2020. Verfügbar unter https://www.betanet.de/eingliederungshilfe-fuer-seelisch-behinderte-kinder-und-jugendliche.html

Beta Institut gemeinnützige GmbH. (2003-2020b). *Ergänzende Leistungen zur Reha,* beta Institut gemeinnützige GmbH. Zugriff am 19.08.2020. Verfügbar unter https://www.betanet.de/ergaenzende-leistungen-zur-reha.html

Beta Institut gemeinnützige GmbH. (2003-2020c). *Teilhabe an Bildung,* beta Institut gemeinnützige GmbH. Zugriff am 19.08.2020. Verfügbar unter https://www.betanet.de/teilhabe-an-bildung.html

Edel, K. & Cibis, W. (2018). Herz-Kreislauf-System. In Bundesarbeitsgemeinschaft für Rehabilitation e.V. (BAR) (Hrsg.), *Rehabilitation. Vom Antrag bis zur Nachsorge - für Ärzte, Psychologische Psychotherapeuten und andere Gesundheitsberufe* (Springer Reference Medizin, S. 19–26). Berlin: Springer.

Egger, J. W. (2015). Selbstwirksamkeit. Selbstwirksamkeitserwartung. In J. W. Egger (Hrsg.), *Integrative Verhaltenstherapie und psychotherapeutische Medizin* (Bd. 2, S. 283–311). Wiesbaden: Springer Fachmedien Wiesbaden.

Flick, U. (1998). Subjektive Vorstellungen von Gesundheit und Krankheit. Überblick und Einleitung. In Flick, Uwe (Ed.) (Hrsg.), *Wann fühlen wir uns gesund? Subjektive Vorstellungen von Gesundheit und Krankheit* (S. 7–30). Weinheim: Juventa Verl. Zugriff am 03.08.2020.

Franke, A. (2012). *Modelle von Gesundheit und Krankheit* (Programmbereich Gesundheit, 3., überarb. Aufl.). Bern: Huber.

Fröhlich, W. D. (2014). *Wörterbuch Psychologie* (dtv, Bd. 34625, Original-Ausg., 29., unveränd. Nachaufl.). München: Dt. Taschenbuch-Verl.

Kalch, A. (2019). *Persönliche Erfahrungen in Gesundheitsbotschaften. Die Wirkung Von Narrationen Auf Prävention und Gesundheitsförderung.* Wiesbaden: Springer Vieweg. in Springer Fachmedien Wiesbaden GmbH.

Quennoz, B. (2009, Mai). *Selbstwirksamkeits-Erfahrung in der Laufbahnberatung. Auf der Suche nach dem Aha-Erlebnis.* Bachelorarbeit. Züricher Hochschule für angewandte Wissenschaft, Laufenburg.

Renneberg, B. & Hammelstein, P. (2006). *Gesundheitspsychologie* (Springer-Lehrbuch). Berlin, Heidelberg: Springer Medizin Verlag Heidelberg.

Richter, M. & Hurrelmann, K. (2016). *Soziologie von Gesundheit und Krankheit.* Wiesbaden: Springer Fachmedien Wiesbaden.

Schwarzer, R. & Jerusalem, M. (2002). Das Konzept der Selbstwirksamkeit. *Zeitschrift für Pädagogik*, (44), 28–53.

Urton, K. (2017). Selbstwirksamkeitserwartung. Was bedingt sie und wie kann sie gefördert werden? *Potsdamer Zentrum für empirische Inklusionsforschung*, (3).

Wolf-Kühn, N. & Morfeld, M. (2016). *Rehabilitationspsychologie* (Basiswissen Psychologie, 1. Auflage). Wiesbaden: Springer.

BEI GRIN MACHT SICH IHR WISSEN BEZAHLT

- Wir veröffentlichen Ihre Hausarbeit,
  Bachelor- und Masterarbeit

- Ihr eigenes eBook und Buch -
  weltweit in allen wichtigen Shops

- Verdienen Sie an jedem Verkauf

Jetzt bei www.GRIN.com hochladen
und kostenlos publizieren